PINTA CON AGUA
ANIMALES

Textos: Jenny Copper
Ilustraciones: Rachael McLean

Título original: *Fun Station. Paint with water Animals*

© 2024 de la edición original: Gemini Children's Books Ltd, parte de Gemini Books Group

© 2025 de la edición española: Grupo Edebé
Paseo de San Juan Bosco, 62. 08017 Barcelona. España

Dirección editorial de Publicaciones no ficción: Marta Sans
Edición: Claudia Sabater

ISBN: 978-84-683-7350-8
Depósito legal: B 9990-2024
www.edebe.com
Impreso en Zhejiang, China. Printed in Zhejiang, China.

edebé

¡Tinta mágica!

Con las láminas de tinta mágica de este kit, puedes crear muchos animales de colores pintando cada dibujo con el pincel incluido y agua.

Cuando apliques el agua, el color aparecerá como por arte de magia.
Al secarse, el color desaparecerá.
Una vez que se seque, podrás volver a pintar con agua o pintar el siguiente dibujo de tinta mágica.

Este kit incluye también dibujos de animales para pintar con lápices o ceras de colores, acompañados de informaciones curiosas. ¡Aprende y comprueba tus dotes artísticas!

Copia y colorea

¿Quieres colorear más dibujos? ¿Por qué no calcas alguna imagen de este libro y la pintas?

Paso 1
Con un lápiz, traza las líneas principales del dibujo que elijas en un papel de calco transparente.

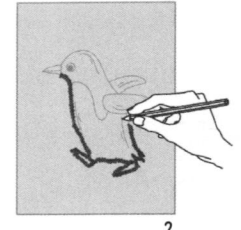

Paso 2
Da la vuelta al papel de calco y usa el lateral de la punta del lápiz para repasar las líneas que veas a través del papel, hasta que queden cubiertas con las marcas del lápiz.

Paso 3
Coloca el papel de calco por el lado adecuado sobre una hoja en blanco y dibuja con cuidado siguiendo los contornos para copiar la imagen en el papel.

Trucos para pintar con agua

A continuación te ofrecemos algunos consejos para lucirte al máximo en tus pinturas con agua.

1 Sumerge el pincel en agua limpia para pintar la imagen. Aplica agua en las áreas necesarias hasta que aparezcan todos los colores.

2 Espera a que el dibujo se seque antes de pasar al siguiente. Puedes absorber el exceso de agua con un pañuelo de papel o un paño limpio.

3 Aunque la tinta mágica no mancha, es recomendable que uses ropa vieja por si se producen salpicaduras y que, antes de empezar, protejas las superficies con papel de periódico o un trapo que ya no utilices.

Dibuja aquí tu animal favorito y descríbelo.

MARIPOSA MORFO AZUL

¿Dónde vive? En América Central y América del Sur.
Estas mariposas son unas de las más grandes
de todo el planeta.
La envergadura de sus alas puede alcanzar 20 cm.

TUCÁN

¿Dónde vive? En América del Sur.
Los tucanes son famosos por su pico naranja,
rojo y negro, que utilizan para coger fruta.

PINGÜINO EMPERADOR

¿Dónde vive? En la Antártida.
Tiene la cabeza, la cola y las alas negras,
y manchas de color naranja y amarillo en el cuello.

JAGUAR

¿Dónde vive? En América Central y América del Sur.
Sus manchas naranjas y negras lo ayudan a
ocultarse en los árboles mientras espera a su presa.

FLAMENCO

¿Dónde vive? En aguas cálidas y lagos.
Se alimenta de pequeños crustáceos parecidos
a los camarones, que dan a sus plumas un tono rosado.

PEZ ÁNGEL REINA

¿Dónde vive? En el mar Caribe y el océano Atlántico.
El nombre de este pez se debe a la mancha azul
y negra en forma de corona de su cabeza.

MONO AULLADOR

¿Dónde vive? En América del Sur.

Los monos aulladores viven en los árboles.

Sus fuertes aullidos se oyen día y noche.

BALLENA AZUL

¿Dónde vive? En los océanos de todo el mundo.
Es el animal más grande del planeta. Emite
potentes sonidos para comunicarse bajo el agua.

COLIBRÍ

¿Dónde vive? En América.
Los colibríes pueden volar hacia delante,
hacia atrás, hacia los lados e incluso bocabajo.

PEZ PAYASO

¿Dónde vive? En el Mar Rojo, y los océanos Índico y Pacífico.
Sus escamas lo protegen de los tentáculos venenosos
de las anémonas, en las que viven.

GUEPARDO

¿Dónde vive? En África.

Es el animal terrestre más veloz. Sus manchas
lo ayudan a ocultarse de sus presas entre la hierba.

PAVO REAL AZUL

¿Dónde vive? En el sur de Asia.

El pavo real es famoso por las llamativas
plumas azules y verdes de su cola.

GORILA

¿Dónde vive? En África Central.

Los gorilas construyen nidos con ramas y hojas
para vivir durante el día y dormir por la noche.

OSO DE ANTEOJOS

¿Dónde vive? En los Andes (América del Sur).
Este oso tiene un pelaje marrón o negro
y círculos blancos y amarillos alrededor de los ojos.

RANA DE DARDO VENENOSA

¿Dónde vive? En América Central y del Sur.
Sus vistosas y brillantes manchas advierten
a los depredadores que es una rana venenosa.

CABALLITO DE MAR

¿Dónde vive? En aguas costeras poco profundas.
El caballito de mar cambia de color para camuflarse.
Puede ser naranja, negro, rosa, rojo o amarillo.

MARTÍN PESCADOR

¿Dónde vive? En América, Europa, Asia y Australia.
Esta brillante ave de color azul y naranja
se sumerge en los ríos para capturar peces e insectos.

RINOCERONTE

¿Dónde vive? En África y el sur de Asia.
Existen cinco especies de rinocerontes,
que se encuentran en África y en la selva asiática.

OTTAVIO DE BERTOLIS

Devoción al Sagrado Corazón de Jesús

Meditaciones para los primeros viernes
de cada mes y una Hora Santa

SAN PABLO

2.ª edición

© SAN PABLO 2024
 Protasio Gómez, 11-15. 28027 Madrid
 Tel. 917 425 113
 secretaria.edit@sanpablo.es
 www.sanpablo.es

Título original: *I primi nove venerdì del mese. Per una nuova nascita* por Ottavio De Bertolis
Traducción: Rosa María Villa Vignola
Originalmente publicado por la editorial Tau (Todi, 2021) en el volumen *La spiritualità del cuore di Cristo. Una proposta*

Distribución: SAN PABLO. División Comercial
Resina, 1. 28021 Madrid * Tel. 917 987 375
ventas@sanpablo.es
ISBN: 978-84-285-7142-5
Depósito legal: M. 11.638-2024
Impreso en Artes Gráficas Gar.Vi. 28970 Humanes (Madrid)
Printed in Spain. Impreso en España